AF340084

FUNÉRAILLES DE M. CHARLES LIPP

DISCOURS

PRONONCÉ

DANS LE TEMPLE PROTESTANT DE BAR-LE-DUC

Le 20 Février 1875

Par E.-L. PRUVOT, Pasteur.

BAR-LE-DUC

IMPRIMERIE COMTE-JACQUET, RUE DE LA ROCHELLE, 51

1875

FUNÉRAILLES DE M. CHARLES LIPP

DISCOURS

PRONONCÉ DANS LE TEMPLE PROTESTANT DE BAR-LE-DUC

Le 20 Février 1875

Par E.-L. PRUVOT, Pasteur.

CHRÉTIENS, MES FRÈRES,

Il a plu au Seigneur de rappeler à Lui notre frère Charles Lipp, décédé le 17 février, à l'âge de trente-trois ans. « La poudre est retournée à la terre, mais l'esprit est retourné à Dieu qui l'a donné. » Ecoutons ce que la Parole de Dieu déclare pour notre consolation :

> « *Nous ne voulons pas, mes frères, que vous soyez dans l'ignorance au sujet de ceux qui sont morts, afin que vous ne vous affligiez pas comme les autres qui n'ont pas d'espérance.* »
> (1 Thessaloniciens, chap. IV, verset 13.)

FRÈRES BIEN-AIMÉS EN J.-C., NOTRE SEIGNEUR,

Il y a quatorze mois, un homme jeune encore, grand, fort, actif et intelligent venait s'établir dans notre ville pour y exercer son industrie. Il quittait l'Alsace, qu'une guerre injustement déclarée, follement entreprise et inhabilement conduite a détachée de la France. Comme bien d'autres, il aurait pu rester à Strasbourg, où reposent ses pères et où il avait eu son berceau : personne n'aurait eu le droit de lui en faire un crime. L'intérêt lui commandait même de ne point partir. Mais il n'avait pu voir plus longtemps sa chère ville entre les mains des ennemis de sa patrie. Son cœur saignait toutes les fois que son regard tombait sur les reîtres modernes traversant orgueilleusement les rues de la noble vaincue, ou que son oreille entendait les paroles cyniques des Germains envahisseurs et les chansons légères des soldats teutons. Pour ne plus avoir sous les yeux ce douloureux spectacle, il fallait qu'il s'éloignât. Aussi, se joignant à la grande émigration de l'Alsace-Lorraine, cette rançon de la France, venait-il se réfugier sur le sein de la mère-patrie et lui rendre amour pour amour. Mais une cruelle ennemie l'y attendait…, c'était la mort. A peine a-t-il eu le temps de fixer sa tente parmi nous, qu'elle est venue, après que les balles prussiennes l'avaient respecté sur les champs de bataille, le coucher dans la poussière et renverser ainsi tous ses plans.

Cet homme, c'était celui à qui nous rendons en ce moment les derniers devoirs ; c'était notre frère et concitoyen Charles Lipp.

Quelles que soient les victimes qu'elle fasse, la mort est toujours la mort, c'est-à-dire ce qu'il y a de plus anormal, de plus triste et de plus douloureux au monde. On ne peut la voir passer sans frémir. Cependant elle emprunte parfois aux circonstances au sein desquelles elle exerce sa lugubre besogne un caractère particulièrement cruel et déchirant. Telle elle se présente aujourd'hui à nos regards étonnés et attristés. En effet, celui qui vient d'être arraché à la tendre affection des siens et à la juste estime de ses amis était dans la force de l'âge : il n'avait que trente-trois ans. Grâce à ses efforts persévérants et à son activité intelligente, il avait placé son industrie dans une voie qui lui promettait un succès assuré pour l'avenir. Et c'est alors que la mort aveugle, ne considérant ni son âge ni ses peines, vient et ne lui laisse pas seulement le temps de jouir une année des fruits de ses travaux. — Doué d'une santé robuste, il semblait destiné à une longue existence ; mais, voici la mort ; elle ne recule pas devant les formes athlétiques et la vigueur corporelle de notre ami ; elle le saisit et le terrasse sans lui permettre de supposer même qu'elle approchait. — Victime, comme tant d'autres, hélas ! des déchirements et des séparations que la dernière guerre a causés dans les familles alsaciennes, il était seul au milieu de ses œuvres, entouré seulement de quelques amis fidèles et dévoués. Eh bien ! la mort accourt ; et, sans attendre que deux mots portés dans une étincelle préviennent une mère aimante et aimée, que cette mère arrive et dépose un dernier baiser sur le front de son fils, elle l'enlève de la terre des vivants.

Ah ! le cœur est triste, triste d'une profonde tristesse, en face de ces coups terribles de la mort. On tremble, on frissonne intérieurement, devant ce silence glacial succédant si vite au mouvement et au bruit de la vie, devant cette verte existence sitôt flétrie, devant ce souffle humain exhalé dans l'isolement, devant ces deuils imprévus et ces espérances soudain détruites. O mort ! que ta coupe est amère ! que tes présents sont affreux ! Qu'était-il donc cet homme, dont tu as si promptement tari la source de la vie ?

Ce qu'était M. Lipp ? Laissez-moi vous le dire en quelques mots. Ce sera déjà une consolation apportée à notre profonde douleur. Je ne veux point faire de panégyrique ; mais je veux et je dois confesser la vérité.

Ceux qui ont vécu dans l'intimité de notre regretté frère pourront vous apprendre tout ce qu'il a été comme fils et comme ami, vous parler de sa tendresse pour les siens et surtout pour son excellente mère, de son cœur généreux et sympathique, de ses manières pleines d'aménité, de son caractère franc et loyal, de ses sentiments délicats et compatissants. Je leur laisse le soin de le faire, et ils le feront volontiers et mieux que moi. Pour moi, je me contenterai de vous citer quelques faits qui vous montreront la grandeur de la perte que nous venons de faire, en vous permettant de découvrir en M. Lipp une âme virile et un cœur débordant de patriotisme.

La bataille de Wœrth venait d'être perdue. Déjà l'armée ennemie entourait Strasbourg et se préparait à lancer ses obus destructeurs, non pas sur les remparts, mais sur les maisons, les édifices religieux et les hôpitaux. M. Lipp a la douleur de perdre son père. L'heure de l'inhumation arrive ; un nombreux et sympathique cortége se forme et se dirige vers le cimetière Sainte-Hélène. Mais, voici, la porte de la ville qui y conduit a été fermée par l'ordre de l'autorité militaire. Que faire ?... Le corps est déposé sous la sombre voûte qui précède l'approche de la porte, et les assistants se retirent. Mais M. Lipp reste auprès du corps vénéré de son père, retient les porteurs, et quand il obtient du commandant de place une demi-heure pour sortir et pour rentrer, il n'hésite pas. Seul, il accompagne le cercueil au champ du repos. En y entrant, il le trouve envahi par les soldats ennemis qui, peu sensibles d'ordinaire, se découvrent cependant à la vue du triste cortége. Enfin, voici la fosse ; M. Lipp y dépose pieusement les restes de son bien-aimé père, fait une courte prière, et se retire pour aller consoler sa mère et se préparer aux souffrances du siége et à la défense de la ville.

Dans ce trait, mes frères, vous avez un bel exemple du courage de l'homme joint au dévouement du fils. Permettez-moi de vous en rappeler d'autres qui révèlent un patriotisme que l'on pourrait, sans exagération, qualifier de sublime. Pour donner plus de poids à mes paroles, je citerai celles de l'un de nos plus brillants écrivains. J'ouvre le livre intitulé : « *Alsace* (1) », et, au chapitre « Strasbourg », je trouve un glorieux hommage rendu au dévouement patriotique de notre frère. L'auteur, après avoir dit que, la garnison de Strasbourg étant à bout de force, on parlait de capituler, écrit ceci : « *Parmi les conseillers municipaux qui refusèrent le plus énergiquement de se rendre, le brasseur Lipp mérite une mention spéciale. Il habitait le faubourg de Pierres ; l'incendie méthodique des assiégeants n'était plus qu'à deux portes de sa maison. Ce digne homme repoussa de toutes ses forces les premières ouvertures relatives à la capitulation; deux jours après sa fortune était réduite en cendres.* » — Mais la capitulation était retardée de huit jours.

Deux pages plus loin, je trouve encore le nom de M. Lipp cité par l'auteur, lorsqu'il parle de ceux qui, après la reddition de Strasbourg, rejoignirent l'armée française. En effet, mes frères, malgré l'étroite surveillance du vainqueur, M. Lipp s'échappa avec plusieurs autres. Recommandé par le grand patriote républicain M. Küss, il vint se placer dans les rangs de l'armée de la Loire. Il prit part à plusieurs combats, se trouvant heureux de risquer sa vie pour l'indépendance du sol natal. Il montra comme soldat la même intrépidité et le même courage dont il avait donné l'exemple comme citoyen, quand, à la tête de 140 habitants de son faubourg, il avait,

---

(1) *Alsace,* par E. ABOUT.

à l'origine du siége de Strasbourg, organisé un service de secours et de surveillance en cas d'incendie, et établi dans sa maison un poste de volontaires, où étaient déposées plusieurs pompes et une voiture chargée de tonneaux remplis d'eau (1). Fait prisonnier (2), il parvint à s'évader. A peine était-il arrivé à Nancy, au prix des plus grands dangers et des plus dures privations, qui avaient fait de son existence une véritable odyssée, qu'il demanda à s'enrôler de nouveau pour courir à de nouveaux périls et à de nouveaux devoirs. Mais la guerre touchait à sa fin, et l'on dut refuser ses offres de service.

Ah ! mes frères, quand il y a aujourd'hui tant de défaillances morales, quand les caractères sont généralement si effacés, quand si souvent l'hypocrisie couvre le patriotisme et que l'intérêt le dicte, il est beau de pouvoir rendre hommage à un patriotisme humble mais sérieux, simple mais vrai, modeste mais dévoué, comme celui de M. Lipp. Jamais ce patriotisme de notre frère ne s'est démenti. Il n'a pas seulement débordé de son bon cœur au fort de la lutte, quand notre pays était meurtri et foulé aux pieds par l'ennemi ; toujours il l'a rempli. Avec quelle noble ardeur il désirait le relèvement de notre patrie, et comme il aurait encore volontiers exposé sa vie pour aider à lui rendre sa grandeur passée ! Comme il appelait de ses vœux la délivrance de l'Alsace ! et comme, à force de la désirer, il l'espérait ! Mais..., il ne te reverra plus, douce contrée arrachée, malgré tes pleurs et tes efforts héroïques, des bras de la mère-patrie, bras vigoureux de la France entraîné dans l'engrenage d'une politique habile mais brutale, par l'incapacité et l'incurie d'une autre politique ! Toutefois, nous allons te confier ses cendres, et, en attendant que le vent de la justice passe sur tes champs et sur tes murs, que l'heure de la réparation sonne, — car il y a au ciel un Dieu juste, — et que, nouvelle Rachel pleurant ses enfants, tu puisses être consolée, nous écrirons sur son tombeau ces deux mots : « *Spero et exspecto*, j'espère et j'attends. »

---

(1) Voir *le Siége et le Bombardement de Strasbourg*, par G. FISCHBACH, p. 49.

(2) A Parigné-l'Evêque.

Le souvenir des vertus civiques de ceux que l'on pleure est une consolation. Mais, mes frères, il n'est pas une consolation suffisante. Notre cœur en demande une plus grande, une plus complète, une plus efficace. Il faut que, à travers les larmes dont nous arrosons la tombe de nos bien-aimés, nous voyions briller le soleil de l'éternité et que, en portant nos regards attristés au-dessus des choses visibles et périssables, nous puissions nous réfugier dans le domaine de la foi. Derrière l'homme qui passe, il faut voir l'âme qui ne passe point. Après la vie présente, il faut contempler la vie à venir.

Si vous me dites, vous qui ne croyez point, que la mort est le dernier mot de la vie et que l'existence humaine vient sombrer dans le tombeau ; si vous me dites que l'âme n'est qu'une sécrétion du cerveau qui meurt avec le corps et tombe avec lui dans le néant, oh ! alors, n'essayez pas de me consoler, car vous n'y parviendrez jamais..... Triste, toujours triste, je mourrai de tristesse dans la tristesse. Et puis, je vous demanderai si, destiné au néant, il vaut vraiment la peine que j'aime, c'est-à-dire que je souffre, — car aimer, c'est souffrir, — que je lutte contre l'égoïsme naturel de mon cœur, que je sois généreux et que je me dévoue ; je vous demanderai si, après tout, il ne vaut pas mieux renoncer au patriotisme et à la charité pour vivre, comme tant d'autres, dans le plaisir et l'égoïsme. Si un peu de poussière est tout ce qui doit rester de l'homme, je comprends alors ce mot désespéré que le rigide républicain Brutus laissa tomber un jour dans les plaines de Philippes : « Vertu, tu n'es qu'un nom ! » Je comprends aussi ceux qui disent : « Mangeons et buvons, car demain nous mourrons. »

Après ceux qui nient, il y a ceux qui doutent. Ne comprenant pas que, quand dans la nature tout meurt pour renaître, l'homme à plus forte raison ne doit mourir que pour revivre, ils ne peuvent admettre franchement l'existence future. Pour eux, ce qui règne derrière la tombe, c'est le vague, l'incertain. Ils voudraient croire, mais ils ne l'osent pas. Ils s'approchent de moi et ils tâchent de me consoler en me disant que *peut-être* celui que je pleure revivra ; que d'ailleurs il vivra dans le souvenir de ceux qui l'ont connu. Ah ! retirez-vous, consolateurs de néant ! Ce qu'il me faut, ce n'est pas l'incertain, c'est le certain ; laissez-moi pleurer ; un *peut-être* n'adoucira jamais l'amertume de mes larmes, et l'immortalité du souvenir est trop mesquine et trop fragile pour que j'y attache quelque prix.

Voici maintenant ceux qui ignorent. Ils ne se sont jamais occupés de ce qui peut attendre l'homme après le trépas. Ils vivent comme s'ils devaient vivre toujours, ou du moins sans penser qu'ils mourront un jour. Pourvu qu'ils jouissent et jouissent longtemps, c'est là tout ce qu'ils désirent et ce à quoi ils songent. Ils s'approchent aussi de moi et me disent : « Consolez-vous », ce qui veut dire, « oubliez ». Ah ! retirez-vous, consolateurs de néant ! Oublier ? Mais vous ne savez donc pas ce qu'il faudrait que je fisse pour oublier ? Il faudrait que j'arrachasse mon cœur de ma poitrine. Or, je ne le puis et je ne le veux pas. Je veux aimer et me souvenir et pleurer. Mais j'ai besoin de consolation.

Donnez-moi donc l'espérance de l'immortalité, l'espérance de la vie éternelle, l'espérance du revoir. Montrez-moi derrière le voile obscur du tombeau l'étoile brillante de l'éternité ; je pleurerai alors encore sur le départ de ceux que j'aime, mais je ne serai pas sans consolation ; je pleurerai, mais j'espérerai ; et pour moi, espérer, ce sera vivre avec ceux qui sont morts, mais qui ne sont pas perdus.

Or, mes frères, savez-vous où nous pouvons trouver cette espérance vivante qui soulage et console ? C'est dans l'Evangile. Toutes les philosophies sont et seront toujours impuissantes en face de la mort. Nous n'avons de vrai refuge qu'aux pieds de Jésus. Avec lui, nous voyons un rayon de lumière traverser la sombre vallée vers laquelle nous nous avançons tous. De sa bouche, nous apprenons que non-seulement l'âme ne meurt pas, mais que le corps corruptible doit revêtir un jour l'incorruptibilité ; que la personne humaine, en un mot, est destinée à l'éternité. Instruits par lui, nous savons que nous sommes tous souillés par le péché, qui est une désobéissance à la loi de Dieu ; mais nous savons aussi que, par la repentance et par la foi en son sang versé sur la croix, nos fautes sont pardonnées et nos souillures effacées ; que la moindre de nos bonnes œuvres est inscrite dans le livre de Dieu, et que ce qui nous attend, — si nous sommes fidèles dans le combat de la foi, — c'est le bonheur dans la communion avec notre Père céleste, et dans la satisfaction de tous les besoins intimes de notre être. Nous la cherchons ici-bas, cette pleine satisfaction des besoins de notre intelligence, de notre cœur et de notre conscience ; nous essayons de la puiser à la source de toutes les jouissances terrestres, mais c'est en vain. Après avoir bu à la coupe de la science, à celle des vertus civiques, à celle des joies domestiques, nous avons encore soif. Ce n'est que l'Evangile qui peut nous désaltérer, parce que, au-delà de la tombe, il nous montre la vie dans la perfection, après nous avoir donné sur la terre la paix de l'âme dans l'assurance de l'amour de Dieu et du pardon de nos péchés par le sacrifice de Jésus-Christ. Ah ! qu'il est consolant ! Après les luttes de la terre, il nous fait contempler les triomphes du ciel ; après la lourde croix, la couronne glorieuse ; après le sommeil dans la mort, le réveil dans la vie de l'éternité ; après le combat de la foi, la victoire de la vue ; après la douce espérance, la bienheureuse réalité.

Saintes consolations de l'Evangile de mon Sauveur ! venez et descendez dans les cœurs de ceux qui pleurent aujourd'hui, afin qu'ils ne pleurent pas sans espérance. En pensant que nous pouvons mourir bientôt, puisque la mort ne connaît ni la force physique ni l'âge, puissions-nous tous vous ouvrir aussi nos âmes, de sorte que, « en semant avec larmes », nous ayons la ferme assurance de « moissonner un jour avec chants de triomphe ». *Amen*.

ADIEU PRONONCÉ A LA GARE

« Tu es poudre et tu retourneras en poudre. »
Adieu, frère en Jésus-Christ !
Adieu, au nom de ta bonne mère !
Adieu, au nom de tous les tiens !
Adieu, au nom de tous tes amis !
Va, repose en paix au cœur de ta chère Alsace. Que la terre te soit légère, en attendant le grand jour où Celui qui est le Maître de la vie et de la mort rappellera tes restes mortels à la vie pour les rendre participants de l'éternité.
Adieu !..... au nom du Père, du Fils et du Saint-Esprit, un seul Dieu éternellement béni. *Amen*.

Bar-le-Duc. — Impr. & Lith. Comte-Jacquet.

www.ingramcontent.com/pod-product-compliance
Lightning Source LLC
LaVergne TN
LVHW022253030726
842520LV00009B/2796